BEI GRIN MACHT SICH IHR WISSEN BEZAHLT

- Wir veröffentlichen Ihre Hausarbeit, Bachelor- und Masterarbeit

- Ihr eigenes eBook und Buch - weltweit in allen wichtigen Shops

- Verdienen Sie an jedem Verkauf

Jetzt bei www.GRIN.com hochladen und kostenlos publizieren

Bibliografische Information der Deutschen Nationalbibliothek:

Die Deutsche Bibliothek verzeichnet diese Publikation in der Deutschen Nationalbibliografie; detaillierte bibliografische Daten sind im Internet über http://dnb.d-nb.de/ abrufbar.

Dieses Werk sowie alle darin enthaltenen einzelnen Beiträge und Abbildungen sind urheberrechtlich geschützt. Jede Verwertung, die nicht ausdrücklich vom Urheberrechtsschutz zugelassen ist, bedarf der vorherigen Zustimmung des Verlages. Das gilt insbesondere für Vervielfältigungen, Bearbeitungen, Übersetzungen, Mikroverfilmungen, Auswertungen durch Datenbanken und für die Einspeicherung und Verarbeitung in elektronische Systeme. Alle Rechte, auch die des auszugsweisen Nachdrucks, der fotomechanischen Wiedergabe (einschließlich Mikrokopie) sowie der Auswertung durch Datenbanken oder ähnliche Einrichtungen, vorbehalten.

Impressum:

Copyright © 2016 GRIN Verlag, Open Publishing GmbH
Druck und Bindung: Books on Demand GmbH, Norderstedt Germany
ISBN: 9783668279223

Dieses Buch bei GRIN:

http://www.grin.com/de/e-book/338385/die-preisrigiditaet-deutscher-exporteure

Olesja Yaniv

Die Preisrigidität deutscher Exporteure

Eine Untersuchung

GRIN Verlag

GRIN - Your knowledge has value

Der GRIN Verlag publiziert seit 1998 wissenschaftliche Arbeiten von Studenten, Hochschullehrern und anderen Akademikern als eBook und gedrucktes Buch. Die Verlagswebsite www.grin.com ist die ideale Plattform zur Veröffentlichung von Hausarbeiten, Abschlussarbeiten, wissenschaftlichen Aufsätzen, Dissertationen und Fachbüchern.

Besuchen Sie uns im Internet:

http://www.grin.com/

http://www.facebook.com/grincom

http://www.twitter.com/grin_com

Inhaltsverzeichnis

Abbildungsverzeichnis I
1. Einleitung 1
2. „Neue Makroökonomik offener Volkswirtschaften" 1
3. Internationales Preissetzungsverhalten und seine makroökonomischen Auswirkungen 2
4. Preisstarrheit deutscher Unternehmen 4
5. Untersuchung der Preisstarrheit unter deutschen Exporteuren 5
   5.1 Ergebnisse und Interpretation der Studie 6
   5.2 Preisbildungsverhalten deutscher Exporteure 8
6. Fazit 11
Literaturverzeichnis II

Abbildungsverzeichnis

Abb. 1: Exportaktivität weltweit 7
Abb. 2: Hauptkonkurrenten deutscher Exporteure 8
Abb. 3: Absatzwege der Exporteure 8
Abb. 4: Wichtigkeit des Preisaufschlags 9
Abb. 5: Unterschiede zwischen Exportpreis und Preis im Inlandsmarkt 10

1. Einleitung

Im Modell neuer Makroökonomik offener Volkswirtschaften spielt das Preisbildungsverhalten der Unternehmen im internationalen Handel eine zentrale Rolle. Ob Unternehmen von einer Preisbildung durch den Produzenten oder von der regionalen Preisbildung Gebrauch nehmen, hat einen entscheidenden Effekt auf beispielsweise die Gestaltung einer optimalen Geld- und Währungspolitik oder die Wahl eines geeigneten Wechselkurssystems. Dennoch sind empirische Belege nicht einheitlich. Nicht nur die Art und Weise der Preisbildung, sondern auch ihre Starrheit oder Anpassung an die Preise der Konkurrenz spielen eine entscheidende Rolle für den internationalen Handel und das Unternehmen selbst.

Diese wissenschaftliche Arbeit nimmt direkten Bezug auf die Preisbildung und -festsetzung deutscher Exporteure und basiert auf einer durchgeführten Studie. In der Studie werden fortlaufende Debatten über angemessene Voraussetzungen zur Preisgestaltung sowie Nachweise über das Preisbildungsverhalten im internationalen Handel vorgestellt. Der deutsche Export stellt damit einen interessanten Fall angesichts der signifikanten Exportaktivitäten dar, sowohl in Bezug auf die Größe der Exportländer als auch auf die Anteile am Weltexport. Es werden Auswirkungen unterschiedlicher Preisbildungsstrategien überprüft, so wie sie in der Neuen Makroökonomik offener Volkswirtschaften verwendet werden und mit den bisherigen Belegen verglichen. Abschließend werden die anhand deutscher Exporteure durchgeführten Studien mit ihren Ergebnissen und Schlussfolgerungen vorgestellt.

2. „Neue Makroökonomik offener Volkswirtschaften"

Das Modell der Neuen Makroökonomik offener Volkswirtschaften ist seit den frühen 1990er Jahren eine führende Entwicklung in der internationalen Wirtschaft. Das Ziel des neuen Modells ist es, neue theoretische Konzepte für die Analyse offener Volkswirtschaften zur Verfügung zu stellen. Stabilisierungspolitische Maßnahmen der Nachfragesteuerung können durch die explizite Berücksichtigung nutzenmaximierenden Verhaltens der privaten Haushalte wohlfahrtstheoretisch bewertet werden (Fendel 2002: 55).

Im Grundmodell der Neuen Makroökonomik offener Volkswirtschaften geht eine einseitig im Inland durchgeführte Geldmengensteigerung nicht mehr zulasten des passiven Auslands. Die

Wohlfahrt in beiden Ländern steigt bei Vernachlässigung des Nutzeneffektes der Realkassenhaltung in gleichem Ausmaße an. Das Ausland profitiert also unter Wohlfahrtsgesichtspunkten von der nur im Inland durchgeführten Geldmengensteigerung - obwohl durch die Abwertung der Inlandswährung ein Konsumverlagerungseffekt zugunsten von im Inland hergestellten Gütern auftritt und das Ausland durch das für dieses Land entstehende Leistungsbilanzdefizit gegenüber dem Inland in eine Nettoschuldnerposition gerät, die mit Zinszahlungen und erhöhter Produktion verbunden ist (Corsetti 2007: 2).

3. Internationales Preissetzungsverhalten und seine makroökonomischen Auswirkungen

Innerhalb des neuen Models der „Neuen Makroökonomik offener Volkswirtschaften" hat sich eine Vielzahl an Modellen etabliert. Sie unterscheiden sich in vielerlei Hinsicht: die Herkunft nominaler Starre, die Dauer der Starre, die Struktur der Wirtschaft und ihres Absatzmarktes, der Grad an Vollkommenheit des Finanzmarktes, Charakteristiken der Verbraucher sowie angewendete Technologien und das Preisbildungsverhalten monopolartiger, sich am Außenhandel beteiligender Unternehmen. Das letztere wurde als entscheidender Bestimmungsfaktor normgebender und positiver Auswirkungen jeweiliger Modelle nachgewiesen (Fendel *et al* 2008:162).

Zwei entgegengesetzte Arten des Preissetzungsverhaltens dominieren die theoretischen Modelle: die Preisbildung durch den Produzenten und die Preisbildung durch Marktmechanismen. Die Preisbildung durch Produzenten wird in der Heimatwährung der Exporteure festgesetzt. Da angenommen wird, dass der Markt nicht unterteilt ist, hält sich dauerhaft das Gesetz der Einpreispolitik. Die Preisbildung durch Marktmechanismen reflektiert das Preisbildungsverhalten, in welchem der Markt unterteilt wird: Die Exportpreise werden in der jeweiligen Währung des Exportmarktes gesetzt, das bedeutet, Auslandswährung wird aus Sicht des exportierenden Unternehmens betrachtet. Die Exportgüter werden in der Währung des Ziellandes in Rechnung gestellt. Dieses Merkmal und damit die zweite Art des Preisbildungsverhaltens werden als regionale Preisbildung bezeichnet (Fendel et al: 163).

Im Folgenden wird nur das symmetrische Preissetzungsverhalten diskutiert, das heißt, Heimatunternehmen sowie ausländische Unternehmen setzen die Exportpreise gleichmäßig entweder in der jeweiligen Heimatwährung oder in der ausländischen Währung (Fendel *et al* 2008: 162). Im Grundmodell der Neuen Makroökonomik offener Volkswirtschaften senkt ein dauerhafter inländischer makroökonomischer Preisschock[1] den üblichen weltweiten Zinssatz und verursacht somit einen Anstieg des inländischen und ausländischen Verbrauchs. Ein Anstieg der inländischen Ausgaben ist auf eine höhere weltweite Nachfrage zurückzuführen, ebenso der Anstieg ausländischer Ausgaben, jedoch in einem deutlich geringeren Ausmaß und in Abhängigkeit vom Kostenaufwand: Aufgrund einer nominalen Entwertung der Heimatwährung und einer perfekten Durchlaufrate wird die weltweite Nachfrage in Richtung der Inlandserzeugung weitergeleitet. Das führt zu einem Leistungsbilanzüberschuss im Herkunftsland; Währung ist langfristig nicht mehr wertneutral. Der Konsum, sowohl im Herkunftsland als auch im Ausland, schreitet im hohen Tempo voran, während die Produktion zurückgeht (Fendel *et al*: 164).

Der Übertragungs-Prozess eines dauerhaften makroökonomischen Preisschocks unterscheidet sich von der Annahme der regionalen Preisbildung. Das Herkunftsland reagiert darauf mit einer sofortigen Abwertung der Heimatwährung. Da die Preise in der Währung des Käufers angegeben werden und sich erst nach einiger Zeit anpassen, bleiben sowohl Gesamtpreisindizes als auch der relative Preis der im Inland und Ausland produzierten Güter in beiden Ländern unverändert. Aufgrund einer höheren Nachfrage der im Inland ansässigen Händler steigt infolgedessen die Produktion im In- und Ausland im gleichen Verhältnis an (Fendel 2002: 76).

Da sich der Preisindex im Ausland nicht ändert, verändert sich auch der Realzinssatz nicht. Dadurch bleibt der ausländische Konsum unverändert, denn Änderungen im Konsum werden vom zwischenzeitlichen Vergütungen angetrieben. Dennoch geht der Realzinssatz im Herkunftsland zurück und führt zu einem Konsumanstieg (Fabiani 2007: 110).

Trotz grundlegender Bedeutung unterschiedlichen Preisbildungsverhaltens für die Auswirkungen eines makroökonomischen Schocks, wissen wir wenig darüber, wie Produzenten ihre Preise in Wirklichkeit bestimmen. Die Preisbildung ist ein komplexer Aspekt im Exportmarkt und hängt von einer Vielzahl an entscheidenden Faktoren der Exporteure ab. Diese Faktoren können Schwankungen in der Währung, die Größe des Marktanteils, vorhandene Kurssicherungsstrategien, um die Einwirkungen des Wechselkurses einzuschränken, Vertriebskosten, ein makroökonomischer Schock oder andere schwer zu erfassende Faktoren, wie das Verhältnis zwischen Käufer und Verkäufer im internationalen Handel, sein (Corsetti 2007: 14). Letztendlich ist die Frage eines angemessenen Preissetzungsverhaltens eine empirische Frage. Indirekte Hinweise über das

---

[1] Ein makroökonomischer Schock ist ein unvorhersehbares Ereignis, das die Wirtschaft positiv oder negativ beeinflusst und zu Veränderungen des Angebots bzw. der Nachfrage führt. Ein Preisschock beschreibt eine plötzliche Veränderung mit daraus resultierenden Anpassungsprozessen. (Quelle: www.investopedia.com)

Preissetzungsverhalten von Exportunternehmen können durch Überprüfen der Einpreispolitik, basierend auf Streudaten und den Handelsbedingungen (Terms of Trade) bezüglich der Exportrate, entnommen werden (Obstfeld 2000: 160).

Eine Alternative zum Untersuchen der Einpreispolitik ist eine Untersuchung der kurzfristigen Marktdynamik der Terms of Trade, gefolgt von Änderungen im Wechselkurs. Gemäß der regionalen Preisbildung verbessern sich die Handelsbedingungen nach einer Wertminderung, während sich die Handelsbedingungen unter der Preisbildung durch den Produzenten verschlechtern. Eine große Stichprobe an Ländern bestätigt diese Annahme (Fendel *et al* 2008: 164).

Zusammenfassend kann festgehalten werden, dass indirekte Hinweise nicht einheitlich sind und sowohl zugunsten der Annahme von Preisbildung durch Produzenten als auch von der regionalen Preisbildung genutzt werden können. Somit erscheint es sinnvoll, direkte Belege auf das Preisbildungsverhalten der Exporteure zu untersuchen.

4. Preisstarrheit deutscher Unternehmen

Die Preisstarrheit ist eine Tendenz von Unternehmen, ihre Preise trotz Änderungen in den Kosten des Produzierens und Verkaufs eines Produktes unverändert beizubehalten. Die Folgen davon sind lange stabile Preise. Eine solche Art von Preisbildung ist vor allem im Oligopol anzutreffen. Wenn keiner der Anbieter beabsichtigt, Konkurrenten ihre Marktanteile streitig zu machen, ist dies eine relativ stabile Situation. Die Oligopolisten verzichten auf aktive Preispolitik – sie nehmen Gebrauch von der Preisstarrheit. Der einzelne Anbieter befürchtet selbst bei geringen Preiserhöhungen, Kunden zu verlieren, wenn die Konkurrenten die Preise nicht ebenfalls anheben. Die Zahl der verlorenen Kunden hängt dabei davon ab, wie homogen das gehandelte Gut und wie vollkommen der Markt ist. Bei Preissenkungen würden die Konkurrenten hingegen mitziehen, sodass die Oligopolisten keine zusätzlichen Kunden hinzugewinnen, sondern sich lediglich ihr Gewinn reduziert (Fabiani 2007: 116).

Fabiani untersuchte hierbei Gründe, warum Unternehmen ihre Preise nicht verändern und die Preisstarrheit verfolgen. (2007: 117). In ihrer Studie aus dem Jahr 2004 über das Preisbildungsverhalten europäischer Unternehmen sind Faktoren, die eine Preisanpassung hemmen, in erster Linie feste Verträge und Aufträge, die eine solche Preisänderung ablehnen. Weitere wichtige Gründe sind die Angst vor Kundenverlust und ein vorläufiger makroökonomischer Schock. Letzteres übt vor allem Druck auf Unternehmen aus, wenn Preise gesenkt werden müssen; ebenso das Verhalten der Konkurrenz. Sowohl eine kontinuierliche Beziehung zwischen Preis und Angebot, materielle Kosten als auch eine bürokratische Starrheit lenken das Preisverhalten nur zweitrangig (Fabiani 2007: 118).

Ein weiterer Anhaltspunkt zur Untersuchung der Preisstarre sind Gründe, die für eine Preisänderung sprechen. Diese Faktoren können unter dem Begriff eines makroökonomischen Schocks zusammengefasst werden. Deutsche Unternehmen geben im Jahr 2004 als primären Grund für eine Preisänderung die Materialkosten an. Der Anstieg dieser Kosten spricht für eine Preiserhöhung. Lohnkosten sind nur bei einer dauerhaften Lohnerhöhung ein ausschlaggebender Grund; vorübergehende Lohnerhöhungen wirken sich kaum auf eine Preisveränderung aus (Fabiani 2007: 101). Finanzierungskosten sind ebenfalls von geringer Bedeutung. Eine Erhöhung an Produktivität, welche als permanente Kostenreduzierung angesehen werden kann, führt zu Preisminderungen, ebenso eine Erhöhung der Nachfrage. Wird der Preis vom konkurrierenden Unternehmen gesenkt, reagiert das jeweilige Unternehmen ebenfalls mit einer Preissenkung (Fabiani 2007: 102).

Wie sich Preise verändern, hängt weiterhin vom Preissetzungsverhalten der Unternehmen ab, welches verschiedenen Faktoren zugrunde liegt. Diese Faktoren werden im folgenden Abschnitt untersucht.

5. Untersuchung der Preisstarrheit unter deutschen Exporteuren

Um empirische Hinweise auf das Preisbildungsverhalten zu untersuchen, wurde eine Untersuchung anhand eines Fragebogen unter deutschen Exporteuren durchgeführt. Im Jahr 2004 wurden Fragebögen an insgesamt 850 deutschen Unternehmen verschickt, die Mitglieder des Bundesverbandes des Deutschen Außenhandels sind. 90 Fragebögen wurden ausgefüllt zurückgeschickt - das entspricht 10,5% aller Fragebögen.

Da die meisten Unternehmen eine Vielzahl an Produkten exportieren, wurde sie gebeten, sich auf ihr primäres Exportprodukt außerhalb der Europäischen Währungsunion zu beschränken. Um die Unternehmen in zwei Gruppe aufteilen zu können, musste herausgefunden werden, wie die Unternehmen die Preise für ihr primäres Exportprodukt setzen, d.h. ob Unternehmen die Preissetzung von der Preisentwicklung der Heimatwährung – dem Euro - abhängig machen und diesen Preis im üblichen Wechselkurs des Auslands umwandeln oder ob sich der gesetzte Preis an bestimmten Aspekten des ausländischen Markts richtet. Die befragten Unternehmen wurden in 63 Unternehmen, welche regionale Preisbildung verfolgen und 26 Unternehmen, welche Preisbildung durch Produzenten anstreben, eingeteilt. Im Folgenden werden zunächst die wichtigsten Merkmale der Unternehmen vorgestellt und anschließend die wichtigsten Ergebnisse sowohl für die gesamte Stichprobe als auch für die beiden Gruppen der Unternehmen

5.1 Ergebnisse und Interpretation der Studie

Ausgehend von der Anzahl der Angestellten, sind 50% der Unternehmen der Stichprobe kleine bis mittelgroße Unternehmen mit weniger als 100 Angestellten. Hinsichtlich der Vertriebsgröße kann die Auswahl der Stichprobe als repräsentativ betrachtet werden. Um aus der Stichprobe statistische Signifikanz entnehmen zu können, wurde eine x^2 - Teststatistik bestimmt um die zwei Gruppen, hinsichtlich ihrer Anzahl an Angestellten, auf Homogenität zu testen. Entsprechend dem Verhältnis von Unternehmensgröße und dem Preisbildungsverhalten, deutet die x^2 Statistik auf Homogenität beider Gruppen hin (Fendel *et al* 2008: 166).

Die Studie untersuchte ebenfalls die Art der exportierten Ware gemäß SITC 3 Rev. der Comtrade-Database und vergleicht diese mit dem Vertrieb deutscher Unternehmen im Jahr 2004. Die wichtigste Handelskategorie der Exportunternehmen sowohl in der gesamten Stichprobe als auch in Deutschland sind Maschinen und Transportausrüstung mit 42,6% in der gesamten Stichprobe und 49,6% in Deutschland. Diese Exportkategorie wird gefolgt von diversen industriegefertigten Gütern und industriegefertigten Gütern, eingeteilt nach Herstellungsmaterial, sowie Chemikalien mit 13,4 % für Deutschland und 10,2% für die Stichprobe. Landwirtschaftliche Güter und Rohstoffe spielen nur eine geringe Rolle. 69% aller Unternehmen in der Stichprobe haben einen Exportumsatz von 50% und mehr. Dieser Anteil zeigt deutlich die Bedeutung des Exportsektors in Deutschland. Weiterhin kann der Studie entnommen werden, dass Unternehmen, die die Preisbildung durch Produzenten verfolgen, einen viel geringeren Anteil an Exportumsätzen aufweisen als Unternehmen, die die regionale Preisbildung verfolgen. Ebenfalls deutet die x^2 Statistik auf Homogenität der Gruppen hin (Fendel *et al* 2008: 167).

Weiterhin wurden die vorwiegenden Exportregionen der Unternehmen untersucht, sowohl innerhalb der EU-Zone als auch weltweit. Entsprechend der Ergebnisse der Studie hat die Euro-Zone für alle ausgewählten Unternehmen eine bedeutende Rolle. Der x^2 Test lehnt die Homogenität der beiden Gruppen auf einem Signifikanzniveau von 10% ab (Fendel *et al* 2008: 169).

Unternehmen, welche die Preisbildung durch Produzenten verfolgen, geben die Euro-Zone als ihre wichtigste Exportregion an, während für Unternehmen mit regionaler Preisbildung die

Euro-Zone eine geringere Rolle spielt. Eine nähere Betrachtung der weltweiten Exportregionen des primären Exportprodukts zeigt, dass die größten Unterschiede im osteuropäischen und asiatischen Raum, in Afrika sowie in Südamerika liegen (Abbildung 1). Die Daten deuten darauf hin, dass Unternehmen, welche die Preisbildung durch Produzenten befürworten deutlich im nordamerikanischen und osteuropäischen Markt präsent sind, während Unternehmen mit regionaler Preisbildung im asiatischen Raum und Afrika aktiv sind (Fendel *et al* 2008: 170).

Weiterhin wird die Frage nach den Hauptkonkurrenten geklärt. Es wird unterschieden nach Konkurrenten anderer exportierender Unternehmen und Konkurrenten einheimischer Unternehmen im Zielland. Abbildung 2 zeigt, dass der Hauptkonkurrent von Unternehmen mit

Abb. 1: Exportaktivität weltweit

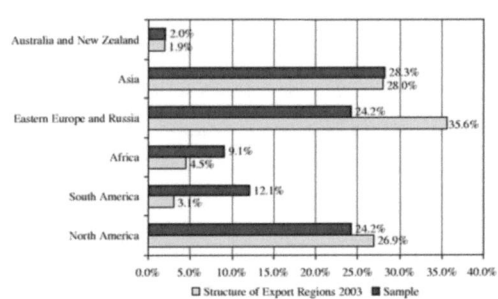

Figure 5 Regions of exports

Notes: Homogeneity test: χ^2-test statistic: 11.790; degrees of freedom: 6; level of significance: 0.067.

Quelle: German Economic Review, May2008, Vol. 9 Issue 2, p160-179, p. 170

regionaler Preisbildungsstrategie mit 60,6% andere exportierende Unternehmen ist. Unternehmen, die eine Preisbildungsstrategie durch den Produzenten verfolgen, sehen die Konkurrenz eher in einheimischen Unternehmen (52%) wobei die Konkurrenz mit anderen Exporteuren mit 48% auf eine nahezu gleiche Verteilung des Konkurrenzempfindens hindeutet.

Die Signifikanz und somit die Ablehnung der Homogenitätshypothese beträgt in diesem Fall nur 20%.

Abb. 2: Hauptkonkurrenten deutscher Exporteure

Table 2 Main competitors for German exporters

Category	Sample (%)	LCP (%)	PCP (%)
Other exporters	57.6	60.6	48.0
Domestic firms	42.4	39.4	52.0

Notes: Homogeneity test: χ^2-test statistic: 1.492; degrees of freedom: 1; significance: 0.222.

Quelle: German Economic Review, May2008, Vol. 9 Issue 2, p160-179, p. 171

5.2 Preisbildungsverhalten deutscher Exporteure

In diesem Abschnitt soll das Preisbildungsverhalten von Unternehmen, die regionale Preisbildung und die Preisbildung durch den Produzenten verfolgen, untersucht werden. Dafür richtete sich der Fragebogen direkt auf die strategischen Aspekte vom Exportverhalten. Die Unternehmen wurden zunächst gebeten, drei vorgegebene Absatzwege in einem Rangsystem aufzustellen oder eine nicht definierte Alternative zu wählen. Die drei vorgegebenen Absatzwege sind direkter Verkauf, Verkauf über einen Zielmarkt-üblichen Importeur oder Verkauf über ein Zweigunternehmen. Abbildung 3 zeigt deutlich, dass der direkte Verkauf für die beiden Gruppen von größter Bedeutung ist.

Abb. 3: Absatzwege der Exporteure

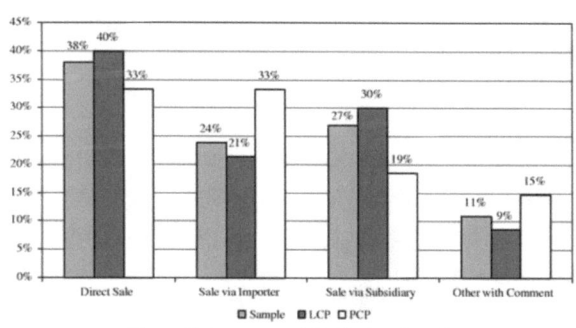

Figure 7 Importance of distribution channels

Quelle: German Economic Review, May2008, Vol. 9 Issue 2, p160-179, p. 172

Unternehmen, die eine Preissetzung durch Produzenten verfolgen, erachten den direkten Verkauf und den Verkauf durch Importeure als gleichrangig, Unternehmen mit einer regionalen Preisbildung haben mit dem direkten Verkauf einen deutlichen Vorsprung zum

Verkauf über ein Zweigunternehmen. Der Verkauf über einen Zielmarkt-üblichen Importeur fällt somit auf Platz 3 im Ranking der Unternehmen, die eine regionale Preisbildung anstreben. Die Grafik zeigt außerdem erneut, dass Unternehmen mit einem regionalen Preisbildungsverhalten an den Märkten im Zielland wesentlich mehr über direkte Kapitalanlagen und Investitionen interessiert sind. Es kann davon ausgegangen werden, dass die gewählten Absatzwege der Unternehmen ihrer zu exportierenden Produkte zugrunde liegen, weniger jedoch der Preisbildungsstrategie.

Des Weiteren untersucht die Studie, ob Unternehmen die Exportpreise anhand eines zusätzlichen Preisaufschlags kalkulieren, um eventuellen Konsequenzen, die aus Änderungen im Wechselkurs resultieren, vorzubeugen. Abbildung 4 veranschaulicht, dass die Unternehmen beider Gruppen zu viel größeren prozentualen Anteilen keinen Preisaufschlag setzen. Unternehmen mit einer Preisbildungsstrategie durch Produzenten überwiegen hierbei mit 83,3%, während Unternehmen mit regionaler Preisbildungsstrategie zu 61% keinen Preisaufschlag setzen.

Es wird weiterhin ebenfalls deutlich, dass Unternehmen im Inland und im Ausland unterschiedliche Preise setzen (Abbildung 5). Bei nahezu 60% der Unternehmen mit einer

Abb. 4: Wichtigkeit des Preisaufschlags

Table 6 Importance of mark-ups

Category	Sample (%)	LCP (%)	PCP (%)
Yes	32.1	39.0	16.7
No	67.9	61.0	83.3

Notes: Homogeneity test: χ^2-test statistic: 3.871; degrees of freedom: 1; significance: 0.049.

Quelle: German Economic Review, May2008, Vol. 9 Issue 2, p160-179, p. 174

regionalen Preissetzungsstrategie bestehen Unterschiede in den inländischen und ausländischen Preisen während nur 33,3% der Unternehmen, die Preisbildung durch Produzenten verfolgen, Preisunterschiede ausweisen. Anders ausgedrückt, setzen 2/3 der letzteren Unternehmen die Preise ihrer Produkte im Ausland genauso wie im Inland. Preisunterschiede sind ein Hinweis für eine Marktsegmentierung – demzufolge können die Ergebnisse insofern interpretiert werden, dass Unternehmen mit einem regionalen Preisbildungsverhalten in Märkten mit monopolistischer Konkurrenz weit verbreitet sind. Die Signifikanz der Homogenität kann zu 5% abgelehnt werden.

Abb. 5: Unterschiede zwischen Exportpreis und Preis im Inlandsmarkt

Table 7 Difference between export price and price in the domestic market

Category	Sample (%)	LCP (%)	PCP (%)
1	50.7	59.2	33.3
0	49.3	40.8	66.7

Notes: Homogeneity test: χ^2-test statistic: 5.175; degrees of freedom: 1; significance: 0.023.

Quelle: German Economic Review, May2008, Vol. 9 Issue 2, p160-179, p. 174

6. Fazit

Annahmen über das Preisbildungsverhalten deutscher Exporteure und die Stellungnahme zu Preisen in der Wechselkursrate sind entscheidende Elemente in Modellen der internationalen Ökonomie. In einer Umfrage, durchgeführt unter deutschen Exporteuren, können Unternehmen, die ihre Entscheidung über das Preisbildungsverhalten an Aspekten des ausländischen Markts festmachen, als Unternehmen mit einem regionalen Preissetzungsverhalten identifiziert werden. Die Ergebnisse zeigen, dass 70% aller befragten deutschen Unternehmen eine solche Preisbildungsstrategie verfolgen. Diese Unternehmen konkurrieren hauptsächlich mit Unternehmen ausländischer Märkte anstatt mit Unternehmen, die eine Preissetzung durch den Produzenten verfolgen. Der Großanteil der Umsätze der Unternehmen mit regionaler Preisbildungsstrategie stammen aus dem ausländischen Absatzmarkt, während Unternehmen mit einer Preissetzungsstrategie durch Produzenten ihren Hauptanteil der Umsätze im Exportmarkt erwirtschaften. Unternehmen, die eine Preisbildung durch den Produzenten verfolgen, zeigen mehr Präsenz in der Euro-Zone. Weltweit sind diese Unternehmen außerdem im nordamerikanischen und osteuropäischen Raum aktiv, während Unternehmen mit einer regionalen Preisbildungsstrategie nach Afrika und Asien exportieren. Gründe für diese Unterschiede können verschiedene Ausmaße einer Marktsegmentierung sein. Das Preissetzungsverhalten von Unternehmen durch den Produzenten trifft vorwiegend auf einen integrierten Markt zu. Des Weiteren konkurrieren diese Unternehmen mit lokalen Unternehmen in ihrem Exportmarkt.

Aufgrund eines Wechselkursrisikos errechnen Unternehmen mit einer regionalen Preisbildungsstrategie ihre Exportpreise anhand eines zusätzlichen Preisaufschlags. Diese Unternehme weisen auch die größten Preisunterschiede im Inlandsmarkt und im Exportmarkt auf. Das deutet darauf hin, dass das Versagen der Einpreispolitik ein eindeutiger Indikator dafür ist, dass ein Preisbildungsverhalten durch Unternehmen, die eine regionale Preisbildung verfolgen, existiert. Unternehmen, die eine Preisbildung durch den Produzenten verfolgen, benutzen keinen zusätzlichen Preisaufschlag.

Darüber hinaus gibt es unterschiedliche Gründe für Exportpreisänderungen. Unternehmen mit einem regionalen Preisbildungsverhalten setzten verändern Preise aufgrund der Nachfrage und eines Wettbewerbs mit anderen Unternehmen. Unternehmen, die ein Preisbildungsverhalten durch den Produzenten betreiben, ändern ihre Preise aufgrund von Herstellungskosten.

Abschließend zeigen die Ergebnisse deutlich, dass alle Annahmen über das Preisbildungsverhalten von Exporteuren nicht auf die Realität der deutschen Exporteure zutreffen. Die Ergebnisse deuten außerdem darauf hin, dass im Gegensatz zur Preisrigidität fehlende Konkurrenz und die Wahl der Unternehmen, ob sie eine Preisbildung durch den Produzenten oder eine regionale Preisbildung verfolgen wollen von größter Bedeutung sind, um das Modell neuer Makroökonomik offener Volkswirtschaften nach deutschen Daten zu richten.

Literaturverzeichnis

Corsetti, Giancarlo (2002): "Macroeconomics of International Price Discrimination". *CEPR Discussion Paper No. 3710*. London.

Corsetti, Giancarlo (2007): "New Open Economy Macroeconomics 1". European University Institute University of Rome III Centre for Economic Policy Research Spring. *Review of Economics*, 53. 1-17. Cambridge, MA.

Investopedia (2015): http://www.investopedia.com/terms/e/economic-shock.asp (abgerufen am 13.06.2016)

Fabiani, Silvia (2007): "Pricing decisions in the Euro Area : how firms set prices and why". Oxford University Press

Fendel, Ralf (2002): "Open Economy Macroeconomics in the Post Mundell–Fleming Era". *Review of Economics* 53. 53–87. Cambridge, MA.

Fendel, Ralf et al (2008): "Local Currency Pricing versus Producer Currency Pricing: Direct Evidence from German Exporters". *German Economic Review 9(2)*. 160-179.

Obstfeld, Maurice (1999): New Directions for Stochastic Open Economy Models. *NBER Working Paper Series No. 7313*. 1-45. Cambridge, MA.

Obstfeld, Maurice (2001): "International Macroeconomics: Beyond the Mundell–Fleming Model". *NBER Working Paper No. 8369*. 1-54. Cambridge, MA.

Sumner, Scott (2011): "Real shocks/nominal shocks". *The Money Illusion*. http://www.themoneyillusion.com/?p=12351 (abgerufen am 13.06.2016).

BEI GRIN MACHT SICH IHR WISSEN BEZAHLT

- Wir veröffentlichen Ihre Hausarbeit, Bachelor- und Masterarbeit

- Ihr eigenes eBook und Buch - weltweit in allen wichtigen Shops

- Verdienen Sie an jedem Verkauf

Jetzt bei www.GRIN.com hochladen und kostenlos publizieren